FENG SHUI

Bienestar - Tranquilidad
Felicidad - Salud

Este libro
pertenece a
David y Rosa
por favor no llevar
Gracias

4/30/06

FENG SHUI

Bienestar - Tranquilidad
Felicidad - Salud

GARY T. BAY

Grupo Editorial Tomo, S. A. de C. V.
Nicolás San Juan 1043
03100 México, D. F.

1a. edición, noviembre 1998.
2a. edición, enero 1999.
3a. edición, julio 1999.
4a. edición, mayo 2000.
5a. edición, septiembre 2001.
6a. edición, mayo 2002.

© Feng- Shui. Bienestar y Tranquilidad-Felicidad-Salud.
Autor: Gary T. Bay

© 2002, Grupo Editorial Tomo, S. A. de C. V.
Nicolás San Juan 1043, Col. Del Valle
03100 México, D. F.
Tels. 5575-6615, 5575-8701 y 5575-0186
Fax. 5575-6695
http://www.grupotomo.com.mx
ISBN: 970-666-123-9
Miembro de la Cámara Nacional
de la Industria Editorial No. 2961

Diseño de la Portada: Emigdio Guevara
Diseño Tipográfico: Rafael Rutiaga.
Supervisor de Producción: Leonardo Figueroa

Impreso en México - *Printed in Mexico*

A David, Alex, Mike y Eddie:

*Gracias por haber estado conmigo
en todo momento; por expandir
mis horizontes; por enseñarme
lo mucho que se puede lograr
en cualquier aspecto y, sobre todo,
por haberme regalado tantos
años de alegres sorpresas.*

INTRODUCCIÓN

Conforme nos vamos acercando a un nuevo siglo, muchos de nosotros todavía estamos en busca de respuestas para mejorar nuestras vidas. La ciencia moderna no ha logrado satisfacer del todo nuestras necesidades de bienestar, tranquilidad, felicidad y salud.

Lamentablemente, el hombre se ha dedicado a esperar nuevas formas o novedosos métodos para salir adelante en la vida, sin darse cuenta de que hay muchas maneras de lograr el equilibrio y bienestar, y que han estado a nuestro alrededor por miles de años.

En oriente, hace muchos, muchos años, se empezó a practicar una ciencia que busca equilibrar todo el entorno del hombre para que logre tener una vida provechosa, plena de salud y alegría: esta maravillosa ciencia es conocida como Feng Shui.

Mucho se ha escrito acerca de esta ciencia, así que mi intención no es hablarte sobre lo buena que es o cómo lograrás mejorar tu vida con ella. Lo que en verdad deseo es tratar de darte, en pocas páginas, consejos útiles y prácticos para que toda tu vida cambie y mejore.

El libro que ahora tienes entre tus manos, no busca explicarte minuciosamente lo que es el Feng Shui; muchos libros ya lo han hecho. Lo que en verdad quiero que hagas con este libro, es que pongas en práctica esta milenaria ciencia y mejores tu vida en todos sus aspectos.

Aquí encontrarás consejos prácticos y sencillos que mejorarán tu hogar, tu lugar de trabajo y, en general, toda tu vida. Si llevas a cabo estos pequeños consejos, pronto verás que tu vida mejorará, que tu salud se hará más fuerte y que tu bienestar económico retomará nuevos bríos.

Espero, sinceramente, que este libro te ayude a salir adelante y, sobre todo, que te ayude a recibir un nuevo siglo con todo tu entorno perfectamente equilibrado.

Gary T. Bay

Capítulo 1

LOS CINCO PRINCIPIOS

El significado literal de Feng Shui es "viento y agua". Y a lo que en verdad se refiere, es a que todo hombre trate de vivir en armonía con el medio ambiente que le rodea. En el mundo siempre ha existido orden y balance, así que si llevamos a cabo las acciones correctas, lograremos que la buena suerte, la salud, el dinero, la felicidad y todo lo que buscamos, pronto llegue a nuestra vida.

La idea de vivir en armonía con el medio ambiente es relativamente nueva para la gente occidental; no obstante, en los últimos años, se han venido despertando ésta y otras ideas orientales entre la gente de este lado del mundo.

Para los chinos el Feng Shui es una de las áreas más importantes dentro de sus vidas. Un dicho chino muy antiguo dice lo siguiente al respecto:

"Primero viene el destino, y después viene la suerte. En tercer lugar viene el Feng Shui, que es seguido por la filantropía y la educación".

Si logramos entender lo anterior, podremos ver que, por ejemplo, nuestro destino, está determinado por nuestro horóscopo, el cual, nos muestra el camino y nuestra dirección en la vida.

El horóscopo puede manifestar nuestras virtudes y nuestras debilidades. Si logramos ver ambas, podemos hacer hincapié y resaltar nuestras virtudes, tratando de trabajar para mejorar en nuestras debilidades.

Por lo que se refiere a la suerte, siempre ha sido definida de diversas maneras por cada uno de nosotros. Pero por lo que respecta a la cultura china, ellos siempre han pensado que la suerte la pueden obtener con relación a la actividad que se lleve a cabo en los otros cuatro principios: destino, Feng Shui, filantropía y educación.

Así pues, podemos definir a la suerte como un estado mental. Por ejemplo, cuando vemos hacia el futuro con miedo e incertidumbre, seguramente lo que llegará a nuestras vidas estará dentro de este parámetro; pero, si por el contrario, tenemos fe y esperamos únicamente cosas buenas para nosotros y para todos los que nos rodean, el futuro estará lleno de armonía y felicidad, y todas las cosas que deseamos para nuestra vida futura, en verdad llegarán a verse realizadas.

El tercer principio, el Feng Shui, es el que nos llevará a vivir en completa armonía con todo lo que nos rodea. Si logramos llevarlo a cabo adecuadamente, nuestra casa, nuestra oficina, la calle y todas las personas con las que nos topamos a diario, nos serán agradables y buenas. Si logramos vivir de esta manera, mejoraremos cada aspecto en nuestras vidas, incluyendo la suerte que tanto anhelamos los seres humanos.

La filantropía, o amor hacia la humanidad, es el cuarto principio dentro de la cultura china. Los antiguos textos filosóficos y religiosos chinos mencionan nuestra obligación de dar sin esperar jamás recompensa alguna. Si logramos dar de esta manera, la satisfacción que experimentemos será enorme, y además, nos garantizará un mejoramiento considerable en la calidad de nuestras vidas.

Por último, nos encontramos con el quinto principio: la educación. Cada uno de nosotros debe mejorar su educación en todo aspecto, día a día, y sin reparar jamás en ello. La educación debe ser ejercitada cada día mediante libros, periódicos, revistas y cualquier medio que nos ayude a estar mejor informados de todo lo que sucede a nuestro alrededor.

Estos cinco principios (destino, suerte, Feng Shui, filantropía y educación) deben estar presentes en nosotros cada mañana al despertar, durante el día y en las noches cuando nos disponemos a descansar. El esfuerzo que cada uno de nosotros haga con respecto a estos principios, será proporcional al mejoramiento de vida que cada uno experimente. Si tu esfuerzo es menor o casi nulo, así será el mejoramiento en todo lo que te rodea, y viceversa.

Para que el Feng Shui empiece a trabajar adecuadamente en tu vida, lo primero que debes hacer es analizar, entender y poner todo lo que esté de tu parte para que los cinco principios que te acabo de mencionar funcionen como se debe. Si tú empiezas a comprar cosas para tu hogar y a "activar" ciertas habitaciones o a ordenar toda tu casa y oficina (como más adelante te mostraré) para mejorar tu vida y no has entendido los principios básicos, será de muy poca ayuda todo tu trabajo. Siempre hay que comenzar por el principio de la mejor manera posible, pues sólo así obtendremos una gran recompensa al final.

El equilibrio creado por la convivencia del tigre
y el dragón, es muy importante en el Feng Shui.

Capítulo 2

EL ALIENTO
DE LA
NATURALEZA (CH'I)

Dentro de la cultura oriental se cree que en el universo existe una energía conocida como Ch'i, Aliento de la Naturaleza o Aliento del Dragón Celestial. Esta energía invisible está en todas partes, aunque hay ciertas zonas específicas en las que se reúne con mayor fuerza.

No obstante, a lo largo de los años, y mediante estudios hechos por los orientales, se ha llegado a la conclusión de que el Ch'i existe en todo lo que hay en este planeta. Esta energía, invisible para todos, es lo que le da vida a todo lo que vemos, es lo que hace que las plantas crezcan y se desarrollen; es lo que hace que los ríos fluyan alegremente por todas partes; es lo que hace al hombre sentir, amar, vivir.

El Ch'i fluye a través de cada parte de nuestro cuerpo, desde la tierra misma, hasta la parte más alta de nuestra cabeza. Recorre cualquier forma y material, acumulando y dispersando, absorbiendo las fuerzas energéticas de la tierra.

El Ch'i de la tierra se refiere no sólo al que hay sobre el lugar que podemos ver, sino que también a lo que hay debajo de ella. Por lo que se refiere al Ch'i del cielo, éste gobierna los ciclos celestiales.

Así pues, cuando una persona se siente enferma o decaída, se puede entender que su Ch'i o Aliento de la Naturaleza, está débil, así que debe activarlo de alguna manera para empezar a sentirse mejor. Por el contrario, cuando vemos a una persona alegre, con ganas de emprender nuevas aventuras cada día, estamos frente a una persona que tiene su Ch'i enormemente activo.

Por lo que se refiere al Feng Shui, nuestro deber es buscar lugares y zonas con un alto Ch'i para establecernos y trabajar ahí. Si estamos en busca de un hogar para iniciar nuestra vida al lado de la persona que amamos, y con la cual deseamos formar una familia, debemos ser muy cuidadosos al escoger el lugar indicado para vivir. Si somos observadores y seguimos los consejos que más adelante mostraré, seguramente nuestra vida familiar será llena de alegrías y provechosa.

Asimismo, cuando se trata de localizar el lugar para poner un negocio o establecer nuestras oficinas, también debemos poner atención con respecto al Ch'i del lugar, pues de ello dependerá que nuestro negocio suba como la espuma del mar o se vaya a pique sin remedio. Todos sabemos que para que un negocio funcione, debemos trabajar duro y hacer nuestro mejor esfuerzo para que nuestros productos sean eficientes y del agrado de los demás; no obstante, ¿cuántas veces hemos visto negocios que parecen tener futuro, estancarse o ir a la bancarrota sin explicación alguna? Seguramente las personas no tomaron en cuenta sencillas cuestiones que pudieron haberles salvado su inversión.

Básicamente, y de manera muy general, los lugares donde hay mucho viento no son buenos o carecen de un Ch'i poderoso, pues éste, se ve disminuido por causa del constante aire. No obstante, si en ese lugar hay ríos o agua (mares, lagunas, etc.) el Aliento de la Naturaleza se ve reforzado y equilibrado.

Ahora bien, no todos los lugares que cuenten con agua son buenos para el Feng Shui. Por ejemplo, si en un lugar el agua fluye con demasiada velocidad, el bienestar que proporciona se va también muy rápido; si el agua va en dirección recta, la energía positiva pasará de largo sin detenerse. Los lugares con agua ideales para vivir, son todos aquellos en donde la corriente de la misma sea lenta y tenga diversos caminos. Estos lugares, además de tener un Ch'i fuerte, hacen que la energía se forme y acumule.

Si tenemos en cuenta esto, el lugar ideal para ubicar nuestro hogar o negocio, es aquel que esté rodeado de montes que ahuyenten los vientos fuertes y que tenga agua fluyendo de manera tranquila.

Ahora bien, como todo en la vida, hay algo contrario al Ch'i en la cultura oriental llamado Sha. Esto, es la inversión de la fuerza Ch'i. Los lugares en donde hay demasiada gente, ciudades grises, tristes o planas, están llenas de Sha.

Así pues, los lugares en donde los ríos, o las aguas, corren velozmente de manera recta; donde se encuentran vías de tren; donde hay cables telefónicos o de electricidad interfiriendo con el paisaje, ahí, el Sha se hace más fuerte.

Abre bien tus ojos y aprende a observar todo lo que te rodea, pues siempre podrás encontrar algo que disminuya tu Ch'i. Una vez que aprendas a localizar todo lo malo o lo que interfiere con tu vida, podrás hacer algo al respecto.

Dentro de la mitología oriental, y sobre todo, dentro del Feng Shui, se dice que la primera vez que el Aliento de la Naturaleza entró en acción, fue cuando creó el Yang (principio masculino). Una vez que lo hizo y se puso a descansar, el Yin (principio femenino) fue creado. Después de que el Yin y el Yang fueron creados, el resto del Universo fue hecho.

Así pues, dentro del Feng Shui, el Yin y el Yang juegan un papel sumamente importante, así como los ocho trigramas que fueron encontrados en el caparazón de una tortuga y los cinco elementos que nos ayudarán a mejorar nuestra vida.

Capítulo 3

YIN Y YANG

Como mencioné anteriormente, el Yin y el Yang están presentes de manera significativa dentro del Feng Shui. Este principio de dualidad lo podemos encontrar en todo lo que vemos y conocemos dentro del universo. Los principios negativos y positivos que observamos en cada uno de ellos, son los que gobiernan toda existencia humana. Por ello, estas fuerzas opuestas (una masculina y otra femenina) simbolizan la armonía perfecta.

Si en verdad ponemos un poco de atención en lo que nos rodea, podremos ver claramente que todo, absolutamente todas las cosas que nuestros ojos alcanzan a ver, tienen un poco de Yin y Yang dentro de ellas. Dentro de cada cosa, las fuerzas, completamente opuestas de estas dos energías, interactúan, logrando la mayoría de las veces, la armonía perfecta de lo que observamos.

Debemos entender que el Yin necesita del Yang, y viceversa, para que todo pueda existir. ¿Existiría la muerte si no hubiera vida? ¿Habría luz si no tuviéramos oscuridad? Obviamente, estas dos fuerzas deben tener un equilibrio perfecto para que las cosas marchen bien, pues si encontramos más Yin o Yang en cierta cosa, seguramente algo estará mal con ello.

En el Feng Shui, lo que verdaderamente estamos buscando, es armonía, equilibrio con nuestro universo. Ahí radica la importancia de saber equilibrar el Yin y el Yang en todo lo que nos rodea.

El Yin y el Yang actúan constantemente, jamás se detienen, y siempre están creando el cambio en nuestras vidas. Esta combinación de cambio perpetuo es lo que crea el Ch'i, el Aliento de la Naturaleza.

El símbolo del Yin y el Yang se presenta dentro de un círculo en blanco y negro, creando el símbolo Taichi, que completa el todo. Taichi significa, literalmente, supremo. Así pues, el Yin, el Yang y el círculo Taichi, contienen dentro todo lo que existe.

La etimología de las palabras Yin y Yang nos deja aún más clara la dualidad opuesta de ambas energías. Por ejemplo, el Yin se refiere a lo oscuro, a la parte norte de la colina, al tigre blanco. Y el Yang se refiere a lo iluminado, al sur de la colina, al dragón azul.

Para que logres entender más precisamente lo que es el Yin y el Yang, observa detenidamente y analiza perfectamente la siguiente tabla.

Principio Yin	*Principio Yang*
Absorbente	Liberador
Femenino	Masculino
Frío	Caliente
Invierno	Verano
Luna	Sol
Lluvia	Brillo de Sol
Negativo	Positivo
Oscuridad	Iluminado
Pasivo	Activo
Receptivo	Dominante
Suave	Fuerte
Tierra	Cielo
Valles	Montes
Ríos	Montañas
Tigre Blanco	Dragón Azul

En la antigüedad, los sabios orientales no trataban de dar una explicación concisa con respecto al Yin y al Yang, pues preferían conceptualizarlos con palabras llenas de poesía y pensamientos profundos. Lo hacían de esta manera ya que entendían claramente que el Ch'i es la verdadera fuerza creadora de todo lo que hay, y por consiguiente, del Yin y del Yang. Así pues, ni el Yin ni el Yang pueden ser lo bueno y lo malo, simplemente existen como tales.

Como podrás ver, el Yin y el Yang siempre estarán presentes en nuestras vidas, en nuestro entorno y en todo lo que podemos ver. Por ello, es sumamente importante que logres equilibrarlos para que tu vida esté llena de felicidad, éxito, salud y bienestar general.

Si tú tienes demasiado Yang o Yin en tu vida y no logras equilibrarlo, las cosas no saldrán como lo deseas. Siempre que escuchamos que todo debe ser con medida, lo tomamos como palabras que se dicen por el simple hecho de decirlas, pero no hay nada más cierto que ello.

Analiza detenidamente tu vida y, siendo completamente sincero contigo, trata de balancearla de acuerdo a los conceptos que te he mostrado. Cuando logres equilibrar las energías positivas y negativas en tu hogar, en tu lugar de trabajo y en tu vida, seguramente la suerte, la salud y el bienestar llegarán de nueva cuenta a tu mundo.

Dentro del Feng Shui encontrarás los elementos necesarios para poder equilibrar todo tu entorno. Si a tu hogar, oficina o negocio le hace falta el equilibrio que lo lleve a la felicidad y prosperidad, esta maravillosa ciencia te puede ayudar.

Si has entendido lo que te he explicado hasta ahora y lo empiezas a poner en práctica, has empezado a dar tu primer paso hacia el bienestar que tanto deseas. En las siguientes páginas, te seguiré llevando, paso a paso, hacia la realización de tus sueños. No olvides que el éxito y los logros, siempre serán proporcionales al esfuerzo y empeño que pongas en hacer las cosas.

Capítulo 4

LOS 8
TRIGRAMAS

A hora, hablaremos de los ocho trigramas del I Ching (o Yi Ching) que los chinos creen que representan el secreto de la vida. El I Ching, o Libro de las Mutaciones, es el más antiguo que existe en China y, sin temor a equivocarnos, seguramente en el mundo entero (si te interesa conocer este libro, puedes conseguirlo en esta misma editorial).

Estos ocho trigramas vienen de los cuatro símbolos conocidos como Ssu Hsiang, que representan todas las posibles combina-

ciones que existen en el Yin y el Yang. La
línea de abajo en cada figura, es la que
determina si el símbolo es Yin o Yang. A
estos cuatro símbolos se les añadió una
línea extra para crear los ocho trigramas.
Asimismo, estos ocho trigramas fueron con-
vertidos en sesenta y cuatro hexagramas de
la misma manera para ser utilizados en el
I Ching (Yi Ching).

El Pa–Kua.

En la siguiente ilustración verás los cuatro
símbolos Ssu Hsiang que dan origen a los
ocho trigramas.

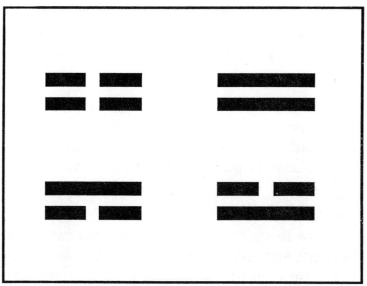

Arriba: Doble Yin (línea interrumpida)
y doble Yang (línea continua).
Abajo: Yin cambiando a Yang y viceversa.

Ahora bien, si entendemos que en este planeta hay lugares que tienen lo que los chinos llaman respiración propia, o Sheng Ch'i, nuestro deber es localizar estos sitios mediante el Feng Shui y descubrir nuestras habilidades particulares con una brújula especial que identifica las formas de la naturaleza, tales como ríos y montañas (tigre blanco y dragón azul). Y si logramos equilibrar las fuerzas antagónicas que se presenten en el lugar donde hemos escogido vivir o trabajar, seguramente la felicidad, la prosperidad y la salud se crearán a diario en ese sitio.

La brújula de la que te estoy hablando, no es otra más que el Pa-Kua. Esta figura de ocho lados que nos servirá como orientador de la clase de puertas que hay en tu casa u oficina; así como para saber lo que puedes esperar con cada una de ellas.

Entre la cultura oriental, el número ocho es muy importante, pues son ocho los símbolos de inmortalidad que ellos tienen, son ocho los periodos de la vida, ocho los pilares del cielo y ocho las montañas. Es por esto que la cultura oriental menciona que el Pa-Kua corresponde a ocho situaciones de la vida del hombre.

Existe una relación entre el Pa-Kua y el I Ching, pues en esta brújula podremos encontrarnos los ocho trigramas que nos ayudarán a conocer y a "activar" las zonas de nuestra vida que estén afectadas. Cada uno de los trigramas está ordenado físicamente y también por su simbolismo energético.

El primer par de trigramas que nos encontraremos en el Pa-Kua son los que corresponden al Cielo y a la Tierra. En varios cursos y libros también se les conoce como Opuestos Universales.

Después de ellos, vienen los Opuestos Orgánicos, que son los trigramas del Fuego y del Agua. En tercer lugar, podemos encontrar a los trigramas de la Montaña y del Lago, llamados también Opuestos Elementales (aunque yo prefiero llamarlos Opuestos Naturales). Y, por último, están los trigramas correspondientes a los Opuestos Impulsivos, es decir, el del Viento y el del Trueno.

Opuestos Universales	Opuestos Orgánicos	Opuestos Naturales	Opuestos Impulsivos
☰ Cielo	☲ Fuego	☶ Montaña	☴ Viento
☷ Tierra	☵ Agua	☱ Lago	☳ Trueno

Para que tengas una mejor comprensión de lo que es cada uno de los ocho trigramas que aparecen en el Pa-Kua, a continuación te presento un breve análisis de cada uno de ellos. A partir de esto, verás como en cada "casa" correspondiente a cada trigrama, se irán agregando cualidades, haciendo cada vez más amplio el valor del Pa-Kua:

El Cielo (Chi'en)

Este trigrama está formado por tres líneas horizontales, una encima de la otra. Manifiesta la fuerza curativa y el espíritu esencial mediante el cual se expresa todo. Esta creatividad apoya y alimenta cualquier manifestación en la tierra que se relacione con los humanos. Este es el motivo por el que la casa correspondiente a este trigrama se conozca también como la de los Amigos, los Benefactores y los Viajes.

La Tierra (K'un)

Las tres líneas de este trigrama son exactamente iguales a las que corresponden al Cielo, únicamente que se parten por el centro verticalmente. Este trigrama manifiesta la cualidad receptiva que está preparada para dar la bienvenida a todo lo que venga del Cielo (el Sol, la Lluvia y cualquier manifestación atmosférica). Asimismo, la Tierra y el Cielo juntos, pueden manifestar lo femenino y lo masculino. Si entendemos que la Tierra es la que recibe gustosa, también debemos comprender que este trigrama manifiesta los principios que hay en cualquier tipo de unión entre la pareja, como el escuchar, el abrazar, el recibir, en una sola frase, el amor incondicional. Por ello, la casa de este trigrama, también se conoce como la de las Relaciones, Matrimonio y Amor.

El Fuego (Li)

Este trigrama tiene la línea del centro partida a la mitad exactamente, y las líneas superior e inferior están completas. Lo que en verdad nos indica este trigrama es un corazón vacío. Su forma puede semejarse a la de una llama de forma definida. La casa a la que representa este trigrama es conocida como la Casa de la Luz Interna y la Claridad. Así pues, le corresponde la casa de la Iluminación y la Fama.

El Agua (K'an)

Este trigrama tiene la línea central completa, y las que se encuentran en la parte superior e inferior están divididas en el centro. En este trigrama podemos observar que aunque parece estar abierta y transparente, el Agua tiene algo en el centro. El Agua, que no ha dejado de fluir a través de los siglos, lo mismo que la vida del hombre, también es conocida como la casa del Trabajo y de la Profesión.

La Montaña (K'en)

Este trigrama tiene las dos líneas inferiores divididas por la mitad, mientras que la superior se mantiene completa. Aparenta ser una cueva en la parte inferior de una montaña. Esta cueva aparente, no es otra cosa que la manifestación de la meditación y la introspección. Esta casa se conoce, por esto, como la correspondiente a la Contemplación, la Cultivación y el Conocimiento.

El Lago (Tui)

El trigrama correspondiente al Lago, tiene la línea superior dividida en el centro, y las dos inferiores completas. Si pones atención, podrás ver que en verdad se parece a un lago. A diferencia del trigrama del Agua, éste se encuentra abierto en la parte superior y cerrado en la inferior. Éste se manifiesta como la casa correspondiente a los Antepasados, Hijos y Descendientes.

El Viento (Sun)

Inverso por completo al trigrama anterior, el correspondiente al Viento tiene las dos líneas superiores completas y la inferior dividida en el centro. Su forma muestra una gran fuerza sobre el suelo. El Viento es la constante emanación de la fortuna o la buena suerte que la vida nos da. A esta casa se le denomina de la Fortuna y del Dinero.

El Trueno (Ch'en)

En este trigrama encontramos que la línea inferior está completa y que las dos que se encuentran encima de ella están divididas por el centro. Su base manifiesta una sólida y poderosa fuerza interior en nosotros. Esta casa corresponde a la Familia y a la Salud.

Estos son los ocho trigramas que encontraremos en el Pa-Kua. Y aunque parecen estar perfectamente separados, cada uno tiene relación con los demás. Todos dependen de sí mismos y están conectados siempre en el mundo vibratorio.

Cada uno de nosotros podemos ver claramente cómo en el Pa-Kua hay relaciones físicas y vibratorias. Por ejemplo, el Cielo está relacionado con la Tierra; no obstante, a 180 grados está relacionado con la Montaña. Todas las demás relaciones nacen en nuestro mundo interior.

Ahora que ya conoces el Pa-Kua y cada una de sus casas, puedes empezar a ubicar en tu hogar u oficina cada uno de los lugares correspondientes a tus necesidades. Más adelante te daremos consejos muy importantes para que los actives y los puedas equilibrar correctamente.

Por el momento, simplemente ubícalos con el Pa-Kua. Para que no tengas mayor problema con ello, toma el siguiente dibujo y cópialo. Llévalo contigo siempre y, en cada lugar al que vayas comúnmente, y en el cual pases gran parte de tu tiempo, empieza a localizar las diversas casas.

Los números 1, 2 y 3 indican las puertas de entrada de nuestra casa y de cada habitación. También ayudan a identificar cada una de las áreas.

Una vez que has conocido perfectamente lo que es el Pa-Kua, y cómo utilizarlo, es también sumamente importante que conozcas tu Kua personal, según el año en que has nacido. Ten en cuenta perfectamente esto, pues todo lo que vas aprendiendo paso a paso en este libro, se irá complementando conforme avances en tu aprendizaje.

KUA PERSONAL POR AÑO DE NACIMIENTO

Trigrama	Hombre	Mujer
Chi'en ▬▬▬ ▬▬▬ ▬▬▬	1913, 1922, 1931, 1940, 1949, 1958, 1967, 1976, 1985, 1994	1919, 1928, 1937, 1946, 1955, 1964, 1973, 1982, 1991
K'un ▬ ▬ ▬ ▬ ▬ ▬	1914, 1917, 1923, 1926, 1932, 1935, 1941, 1944, 1950, 1953, 1959, 1962, 1968, 1971, 1977, 1980, 1986, 1989	1915, 1924, 1933, 1942, 1951, 1960, 1969, 1978, 1987, 1996
Li ▬▬▬ ▬ ▬ ▬▬▬	1910, 1919, 1928, 1937, 1946, 1955, 1964, 1973, 1982, 1991	1913, 1922, 1930, 1931, 1949, 1958, 1967, 1976, 1985, 1994

K'an ☵	1918, 1927, 1936, 1945, 1954, 1963, 1972, 1981, 1990, 1999	1914, 1923, 1932, 1941, 1950, 1959, 1968, 1977, 1986, 1995
K'en ☶	1911, 1920, 1929, 1938, 1947, 1956, 1974, 1983, 1992	1918, 1921, 1927, 1930, 1936, 1939, 1945, 1948, 1954, 1957, 1963, 1966, 1972, 1975, 1981, 1984, 1990, 1993, 1999
Tui ☱	1912, 1921, 1930, 1939, 1948, 1957, 1966, 1975, 1984, 1993	1911, 1920, 1929, 1938, 1947, 1956, 1965, 1974, 1983, 1992
Sun ☴	1915, 1924, 1933, 1942, 1951, 1960, 1969, 1978, 1987, 1996	1917, 1926, 1935, 1944, 1953, 1962, 1971, 1980, 1989, 1998
Ch'en ☳	1916, 1925, 1934, 1943, 1952, 1961, 1970, 1979, 1988, 1997	1916, 1925, 1934, 1943, 1952, 1961, 1970, 1979, 1988, 1997

Capítulo 5

LOS CINCO ELEMENTOS

Hasta ahora, lo que has leído acerca del Feng Shui, te ha indicado los lugares idóneos para habitar. Lamentablemente, muy pocas son las personas que tienen la posibilidad de vivir en los lugares idóneos con la orientación exacta para que sus vidas sean provechosas y felices.

No obstante esto, dentro del Feng Shui encontramos los conocidos "Cinco Elementos", los cuales, y gracias a su importancia dentro de la cultura oriental, nos ayudarán a equilibrar, a "activar" o a "curar" nuestras casas, nuestras oficinas, nuestra vida.

Todos hemos conocido por medio de la escuela la existencia de los cuatro elementos clásicos de la cultura griega: tierra, viento, aire y fuego. Sin embargo, los orientales añadieron el metal y la madera, dejando fuera el aire, que como te dije al principio de este libro, es lo que significa "Feng".

La astrología oriental, hace miles de años, pensaba que sólo existían cinco planetas, y que cada elemento utilizado en el Feng Shui, estaba asociado con cada uno de ellos.

Así, por ejemplo, ellos conocían únicamente a Júpiter, Marte, Saturno, Venus y Mercurio. De esta manera, el elemento Agua se le adjudicaba a Mercurio; la Tierra a Saturno; la Madera a Júpiter; el Fuego a Marte; y, finalmente, el Metal a Venus.

Ahora bien, como tú lo sabes perfectamente, estos Cinco Elementos pueden crearse o destruirse por ellos mismos, así que lo que en verdad debes entender dentro del Feng Shui, es cómo trabaja cada Elemento y cómo puedes activarlo dentro de tu vida. En otras palabras, lo que te quiero decir es que cada uno de estos Cinco Elementos trabaja para producir un nuevo Elemento o para destruirlo.

Por ejemplo, la madera siempre va a producir fuego; si tú cuentas con una chimenea en tu hogar, obviamente sabes que sin unos troncos de madera, te será imposible producir el fuego que caliente tu hogar ¿verdad? Ahora bien, el fuego va a producir tierra; la tierra va a producir metal; el metal va a generar agua; y, por último, el agua producirá madera.

Este ciclo productivo lo puedes ver perfectamente en la siguiente ilustración. Ten en cuenta esto, pues más adelante te explicaremos qué elemento rige tu vida y tus acciones.

Pues bien, de la misma manera en que existe un ciclo creativo, también podemos encontrarnos con el destructivo. En este ciclo veremos cómo el metal puede destruir la madera; la madera destruye o absorbe la tierra; la tierra destruye el agua; el agua apagará el fuego; y el fuego fundirá el metal.

Para entender lo anterior, no hay nada mejor que la traducción de un viejo manuscrito oriental que nos menciona lo siguiente:

"El orden productivo indica que la MADERA se quemará creando el FUEGO, que saldrá de

la TIERRA, de donde procede el METAL, que fluye como AGUA, haciendo crecer la MADERA. El orden destructivo expone que el FUEGO fundirá el METAL, que cortará fácilmente la MADERA, que saca las buenas influencias de la TIERRA, que poluciona el AGUA, capaz de apagar el FUEGO".

También, los Cinco Elementos simbolizan diferentes grados de Yin y Yang, están relacionados con los puntos cardinales, con las estaciones del año, con el clima y con los números cardinales, entre muchas cosas más. Para que logres conocer los Cinco Elementos, a continuación te presentamos las características de cada uno de ellos:

Madera

Este elemento se relaciona con el crecimiento de las personas. La Madera es creatividad e innovación. Si este Elemento es el que te corresponde, seguramente tu manera de expresarte es de alguna forma creativa (artes, por ejemplo). La madera puede ser débil o muy fuerte. Las personas nacidas bajo este elemento son muy sociables y se preocupan enormemente por su entorno. Las personas que deseen formar una familia o que trabajen en sus hogares, deben tener muy presente a la madera.

El planeta correspondiente a este elemento es Júpiter (como ya lo había mencionado anteriormente); el número cardinal de la madera es el 8; el color correspondiente a este elemento es el verde; el clima ideal para desarrollar sus cualidades es donde hay bastante viento; la estación del año de la madera es la primavera; su punto cardinal es el Este; y se trata de un Yang menor. La Madera representa el nacimiento y los primeros años.

Fuego

A este elemento se le asocia constantemente con el desarrollo intelectual. Favorece a las personas que buscan cumplir sus metas o deseos en la vida y que trabajan duro por ello. Es el elemento ideal para toda aquella persona que tiene grandes anhelos. El Fuego da energía y entusiasmo, pero también puede ser una señal de peligro. Si hay el fuego suficiente, todo estará caliente y en perfectas condiciones, pero cuando hay Fuego de más, seguramente se puede causar un incendio. Lo mismo que el Fuego puede ser tierno y agradable; asimismo puede llegar a quemar y destruir. El Fuego es el elemento de los líderes naturales.

El planeta correspondiente al fuego es Marte; su número cardinal es el 7; el clima en donde se desarrollará mejor es el caluroso; su estación del año es el verano; su punto cardinal es el Sur; su color es el rojo; y se trata de un Yang mayor. El fuego representa los años de crecimiento antes de la pubertad.

Tierra

Este elemento está asociado con la resistencia y la confianza de las personas. Se recomienda mucho que en el entorno de las personas que hacen grandes viajes de trabajo o para ir a la escuela, siempre esté presente la tierra. Este elemento da estabilidad y se relaciona con las posesiones o con las cosas legales. El que haya nacido bajo este elemento es una persona paciente, justa, honesta y metódica.

El planeta correspondiente a la Tierra es Saturno; su número cardinal es el 5; el color amarillo es el que favorece a este elemento; su estación es el final del verano; y su punto cardinal es el Centro. Representa, también, los años de adolescencia.

Metal

Este elemento es constantemente asociado con el dinero o con las cosas materiales como los negocios y el éxito. Las personas que continuamente tienen buenos resultados en sus negocios o transacciones, están bajo la influencia del Metal. Por lo que se refiere a su lado negativo, este elemento puede indicar lo destructivo que puede ser una espada o un cuchillo, así como la violencia que implican.

Por lo que se refiere a sus cualidades específicas, el Metal se asocia con el planeta

Venus; su número cardinal es el 9; el color que le corresponde es el blanco, aunque en ocasiones, también se le puede adjudicar el dorado; su estación del año es el otoño; el clima de este elemento debe ser seco; su punto cardinal es el Oeste; y se trata de un Yin menor.

Agua

Finalmente, nos encontramos con el Agua. Este elemento indica viajes, comunicación, aprendizaje y relaciones con distintas personas en varios ámbitos de nuestras vidas. También se puede adjudicar a este elemento la literatura, las artes o los medios de comunicación. Al igual que todos los demás elementos, el agua puede tener una dualidad de caracteres; por un lado, puede ser gentil como una cascada, y por otro, violenta como una tormenta tropical. El agua es capaz de "lavar" todas las cosas que hay en la tierra, pero también es capaz de "partir" la roca más fuerte.

El planeta correspondiente al Agua es Mercurio; su número cardinal es el 6; el color que le favorece es el negro; el clima que le ayuda es el frío; su estación del año es el Invierno; su punto cardinal es el Norte; y se trata de un Yin mayor.

Con esto, tú ya tienes una idea más amplia de lo que es cada uno de los Cinco Elementos; no obstante, quizá aún te preguntes si al igual que el Kua, tú también tienes un elemento correspondiente a la fecha de tu nacimiento, que rige tu vida. Bueno, pues efectivamente así es. Cada uno de nosotros, dependiendo de la hora y la fecha en que hayamos nacido, llevamos uno de los cinco elementos rigiendo nuestra existencia.

Para que puedas saber perfectamente cuál es el que te corresponde, a continuación te presentamos un par de tablas en las que podrás ver qué elemento te rige, dependiendo del año en que hayas nacido y la hora en que llegaste a este mundo.

TABLA DEL ELEMENTO
SEGÚN LA HORA DE NACIMIENTO

Hora de Nacimiento (aproximada)	Elemento Correspondiente
23:00 a 1:00	Madera
1:00 a 3:00	Madera
3:00 a 5:00	Fuego
5:00 a 7:00	Fuego
7:00 a 9:00	Tierra
9:00 a 11:00	Tierra
11:00 a 13:00	Metal
13:00 a 15:00	Metal
15:00 a 17:00	Agua
17:00 a 19:00	Agua
19:00 a 21:00	Agua
21:00 a 23:00	Agua

La siguiente tabla, además de indicarte tu elemento correspondiente según tu fecha de nacimiento, te indica también el año en el que naciste según la cultura oriental.

TABLA DE ELEMENTOS SEGÚN
LA FECHA DE NACIMIENTO

Año	De	Hasta	Elemento
Rata	31 enero de 1900	18 febrero 1901	Metal
Buey	19 febrero 1901	7 febrero 1902	Metal
Tigre	8 febrero 1902	28 enero 1903	Agua
Conejo	29 enero 1903	15 febrero 1904	Agua
Dragón	16 febrero 1904	3 febrero 1905	Madera
Serpiente	4 febrero 1905	24 enero 1906	Madera
Caballo	25 enero 1906	12 febrero 1907	Fuego
Oveja	13 febrero 1907	1 febrero 1908	Fuego
Mono	2 febrero 1908	21 enero 1909	Tierra
Gallo	22 enero 1909	9 febrero 1910	Tierra
Perro	10 febrero 1910	29 enero 1911	Metal
Jabalí	30 enero 1911	17 febrero 1912	Metal
Rata	18 febrero 1912	5 febrero 1913	Agua
Buey	6 febrero 1913	25 enero 1914	Agua
Tigre	26 enero 1914	13 febrero 1915	Madera
Conejo	14 febrero 1915	2 febrero 1916	Madera
Dragón	3 febrero 1916	22 enero 1917	Fuego
Serpiente	23 enero 1917	10 febrero 1918	Fuego

Caballo	11 febrero 1918	31 enero 1919	Tierra
Oveja	1 febrero 1919	19 febrero 1920	Tierra
Mono	20 febrero 1920	7 febrero 1921	Metal
Gallo	8 febrero 1921	27 enero 1922	Metal
Perro	28 enero 1922	15 febrero 1923	Agua
Jabalí	16 febrero 1923	4 febrero 1924	Agua
Rata	5 febrero 1924	24 enero 1925	Madera
Buey	25 enero 1925	12 febrero 1926	Madera
Tigre	13 febrero 1926	1 febrero 1927	Fuego
Conejo	2 febrero 1927	22 enero 1928	Fuego
Dragón	23 enero 1928	9 febrero 1929	Tierra
Serpiente	10 febrero 1929	29 enero 1930	Tierra
Caballo	30 enero 1930	16 febrero 1931	Metal
Oveja	17 febrero 1931	5 febrero 1932	Metal
Mono	6 febrero 1932	25 enero 1933	Agua
Gallo	26 enero 1933	13 febrero 1934	Agua
Perro	14 febrero 1934	3 febrero 1935	Madera
Jabalí	4 febrero 1935	23 enero 1936	Madera
Rata	24 enero 1936	10 febrero 1937	Fuego
Buey	11 febrero 1937	30 enero 1938	Fuego
Tigre	31 enero 1938	18 febrero 1939	Tierra
Conejo	19 febrero 1939	7 febrero 1940	Tierra

Dragón	8 febrero 1940	26 enero 1941	Metal
Serpiente	27 enero 1941	14 febrero 1942	Metal
Caballo	15 febrero 1942	4 febrero 1943	Agua
Oveja	5 febrero 1943	24 enero 1944	Agua
Mono	25 enero 1944	12 febrero 1945	Madera
Gallo	13 febrero 1945	1 febrero 1946	Madèra
Perro	2 febrero 1946	21 enero 1947	Fuego
Jabalí	22 enero 1947	9 febrero 1948	Fuego
Rata	10 febrero 1948	28 enero 1949	Tierra
Buey	29 enero 1949	16 febrero 1950	Tierra
Tigre	17 febrero 1950	5 febrero 1951	Metal
Conejo	6 febrero 1951	26 enero 1952	Metal
Dragón	27 enero 1952	13 febrero 1953	Agua
Serpiente	14 febrero 1953	2 febrero 1954	Agua
Caballo	3 febrero 1954	23 enero 1955	Madera
Oveja	24 enero 1955	11 febrero 1956	Madera
Mono	12 febrero 1956	30 enero 1957	Fuego
Gallo	31 enero 1957	17 febrero 1958	Fuego
Perro	18 febrero 1958	7 febrero 1959	Tierra
Jabalí	8 febrero 1959	27 enero 1960	Tierra
Rata	28 enero 1960	14 febrero 1961	Metal
Buey	15 febrero 1961	4 febrero 1962	Metal

Tigre	5 febrero 1962	24 enero 1963	Agua
Conejo	25 enero 1963	12 febrero 1964	Agua
Dragón	13 febrero 1964	1 febrero 1965	Madera
Serpiente	2 febrero 1965	20 enero 1966	Madera
Caballo	21 enero 1966	8 febrero 1967	Fuego
Oveja	9 febrero 1967	29 enero 1968	Fuego
Mono	30 enero 1968	16 febrero 1969	Tierra
Gallo	17 febrero 1969	5 febrero 1970	Tierra
Perro	6 febrero 1970	26 enero 1971	Metal
Jabalí	27 enero 1971	15 enero 1972	Metal
Rata	16 enero 1972	2 febrero 1973	Agua
Buey	3 febrero 1973	22 enero 1974	Agua
Tigre	23 enero 1974	10 febrero 1975	Madera
Conejo	11 febrero 1975	30 enero 1976	Madera
Dragón	31 enero 1976	17 febrero 1977	Fuego
Serpiente	18 febrero 1977	6 febrero 1978	Fuego
Caballo	7 febrero 1978	27 enero 1979	Tierra
Oveja	28 enero 1979	15 febrero 1980	Tierra
Mono	16 febrero 1980	4 febrero 1981	Metal
Gallo	5 febrero 1981	24 enero 1982	Metal
Perro	25 enero 1982	12 febrero 1983	Agua
Jabalí	13 febrero 1983	1 febrero 1984	Agua

Rata	2 febrero 1984	19 febrero 1985	Madera
Buey	20 febrero 1985	8 febrero 1986	Madera
Tigre	9 febrero 1986	28 enero 1987	Fuego
Conejo	29 enero 1987	16 febrero 1988	Fuego
Dragón	17 febrero 1988	5 febrero 1989	Tierra
Serpiente	6 febrero 1989	26 enero 1990	Tierra
Caballo	27 enero 1990	14 febrero 1991	Metal
Oveja	15 febrero 1991	3 febrero 1992	Metal
Mono	4 febrero 1992	22 enero 1993	Agua
Gallo	23 enero 1993	9 febrero 1994	Agua
Perro	10 febrero 1994	30 enero 1995	Madera
Jabalí	31 enero 1995	18 febrero 1996	Madera
Rata	19 febrero 1996	6 febrero 1997	Fuego
Buey	7 febrero 1997	27 enero 1998	Fuego
Tigre	28 enero 1998	15 febrero 1999	Tierra
Conejo	16 febrero 1999	4 febrero 2000	Tierra
Dragón	5 febrero 2000	23 enero 2001	Metal
Serpiente	24 enero 2001	11 febrero 2002	Metal
Caballo	12 febrero 2002	31 enero 2003	Agua
Oveja	1 febrero 2003	21 enero 2004	Agua

Cabe hacer notar que la astrologIa china está basada en el calendario lunar, el cual, data desde los tiempos del emperador Huang Ti (2600 a. C. aproximadamente). Y a diferencia del calendario solar de occidente, en donde cada año nuevo comienza el 1 de enero, en oriente el primer día de cada año nuevo cae en la segunda luna nueva después del solsticio de invierno.

Ahora bien, con todas las tablas anteriores, así como la información que te he dado a lo largo de estas primeras páginas, ya podrás tener una idea muy general de lo que puedes hacer con el Feng Shui. Ahora, ya sabes qué elemento te corresponde, cómo utilizar el Pa-Kua para localizar los diversos puntos en tu hogar u oficina, así como las características y funciones de los Cinco Elementos.

Ya estás listo para iniciarte en el maravilloso mundo del Feng Shui. No obstante, me gustaría que conocieras la orientación que cada hombre y mujer debe tener con respecto a su hogar u oficina para lograr el bienestar y el provecho máximo de ellos.

Muchas veces, al igual que con los hogares, nuestras oficinas no están orientadas correctamente para que nosotros logremos funcionar mejor. Sé que es muy difícil encontrar el lugar con la perfecta orientación; sin embargo, es importante que conozcas qué orientación te conviene, pues al igual que los Cinco Elementos, esto te ayudará a mover los muebles que hay en tu hogar u oficina para que mejore tu suerte y fortuna. No será necesario tirar la casa u oficina y construirla de nuevo (eso sería lo ideal), pero tú puedes "curar" o "activar" estos lugares para que te sean provechosos.

Recuerda que todo esto que te menciono debes ponerlo en práctica inmediatamente, pues de lo contrario, estarás dejando pasar el tiempo sin encontrar la armonía que te hace falta para vivir mejor.

Pon atención en las siguientes tablas de orientación con respecto al año en que hayas nacido. Te ayudarán más adelante, cuando nos adentremos en consejos básicos para mejorar tu entorno.

TABLA DE ORIENTACIÓN PARAHOMBRES

Norte	Sur	Este	Centro	Oeste	Noreste	Sureste	Noroeste	Suroeste
1900	1901	1907	1908	1903	1902	1906	1904	1905
1909	1910	1916	1917	1912	1911	1915	1913	1914
1918	1919	1925	1926	1921	1920	1924	1922	1923
1927	1928	1934	1935	1930	1929	1933	1931	1932
1936	1937	1943	1944	1939	1938	1942	1940	1941
1945	1946	1952	1953	1948	1947	1951	1949	1950
1954	1955	1961	1962	1957	1956	1960	1958	1959
1963	1964	1970	1971	1966	1965	1969	1967	1968
1972	1973	1979	1980	1975	1974	1978	1976	1977
1981	1982	1988	1989	1984	1983	1987	1985	1986
1990	1991	1997	1998	1993	1992	1996	1994	1995
1999	2000	2006	2007	2002	2001	2005	2003	2004
2008	2009	2015	2016	2011	2010	2014	2012	2013

TABLA DE ORIENTACIÓN PARA MUJERES

Norte	Sur	Este	Centro	Oeste	Noreste	Sureste	Noroeste	Suroeste
1905	1904	1907	1908	1902	1903	1900	1901	1906
1914	1913	1916	1917	1911	1912	1909	1910	1915
1923	1922	1925	1926	1920	1921	1918	1919	1924
1932	1931	1934	1935	1929	1930	1927	1928	1933
1941	1940	1943	1944	1938	1939	1936	1937	1942
1950	1949	1952	1953	1947	1948	1945	1946	1951
1959	1958	1961	1962	1956	1957	1954	1955	1960
1968	1967	1970	1971	1965	1966	1963	1964	1969
1977	1976	1979	1980	1974	1975	1972	1973	1978
1986	1985	1988	1989	1983	1984	1981	1982	1987
1995	1994	1997	1998	1992	1993	1990	1991	1996
2004	2003	2006	2007	2001	2002	1999	2000	2005
2013	2012	2015	2016	2010	2011	2008	2009	2014

Pues bien, ahora ya tienes los principios básicos del Feng Shui, así como los elementos necesarios para mejorar tu vida y tu trabajo. Pon en práctica lo anterior y verás cómo la buena suerte empieza a llegarte de manera casi inesperada.

En la siguiente parte del libro, empezaremos a poner en práctica la teoría. También, te daré unos consejos sencillos y muy útiles para que en tu hogar y en tu oficina las cosas empiecen a ir mejor.

Capítulo 6

PON A TRABAJAR TUS CONOCIMIENTOS DE FENG SHUI

Ahora empezaremos a ver la utilidad que le podemos dar a los conocimientos adquiridos hasta este punto. A partir de este momento, trataré de orientarte y de mostrarte cómo poner a funcionar todo lo que hemos visto.

Por principio de cuentas, me gustaría iniciar esta parte del libro enfocándolo hacia las personas que piensan adquirir o rentar una nueva casa u oficina.

El hecho de escoger el lugar donde vas a vivir o donde vas a trabajar es sumamente importante, pues de él depende gran parte de tu éxito o fracaso. Si tú eliges un lugar con suficiente Ch'i para llevar a cabo tu vida o trabajo, seguramente las cosas saldrán bien; pero si no hay el equilibrio de energías, el fracaso aparecerá constantemente sin importar lo mucho que te esfuerces.

Como te lo mencioné antes, muchas veces nos es imposible cambiar la orientación del lugar, así que si ya tienes un hogar u oficina, y las cosas no marchan como deben, más adelante te mostraré ejemplos sencillos, económicos y prácticos para revertir la energía negativa que te hace fracasar o pasar situaciones difíciles.

LA UBICACIÓN

El lugar físico donde se encuentra la casa u oficina que vamos a comprar o rentar es muy importante. Hay zonas, en diversas partes de cualquier ciudad, que por la forma en que fueron concebidas y hechas, mantienen cierta energía negativa sobre las construcciones que se encuentran alrededor.

Por ejemplo, dentro del Feng Shui, hay lo que conocemos como "flechas venenosas". Estas flechas son creadas por líneas rectas e influencias malignas que envenenan el Ch'i. Estas "flechas venenosas" son las causantes de la mala suerte, de los desastres y del fracaso. Las vías de un tren, paredes, ríos y carreteras que vayan en línea recta pueden ser "flechas venenosas".

Obviamente, lo mejor que podemos hacer cuando vayamos a comprar o rentar una propiedad, es tratar de evitar a toda costa estos puntos. Si no los podemos evitar, o ya estamos viviendo en un lugar con estas características, debemos tratar de compensarlo mediante el Feng Shui. No descanses hasta lograrlo, pues de lo contrario, tu situación no cambiará.

Para poder identificar estas "flechas venenosas", a continuación te mostraré las más comunes y el porqué dañan tu propiedad. Asimismo, encontrarás el modo de eliminar estas flechas de una manera sencilla y económica.

Una de las "flechas venenosas" más comunes la podemos observar en los lugares donde la esquina de la casa de un vecino, apunta directamente hacia el frente de la nuestra.

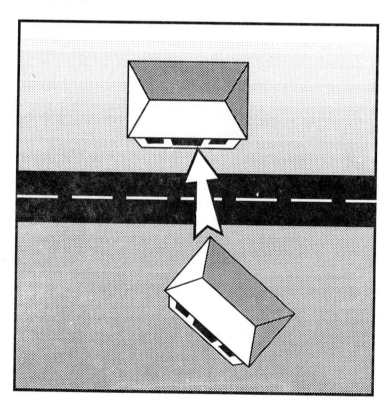

Otra de estas "flechas" puede ser el hecho de tener, justo al frente de nuestro hogar, el final de una calle o carretera. Si este camino que va directamente a nuestro hogar viene en nuestra dirección, mayor será la energía negativa de éste. Si la dirección de la calle es en contra de nuestro hogar, la energía negativa será menor, no obstante estar presente.

Si tu hogar está ubicado justo en la intersección de dos calles, también es considerado como de muy mala suerte, sobre todo si una de las calles va al norte y la otra hacia el sur.

Asimismo, si tu hogar está justo en la curva de una calle, ésta atraerá la mala suerte hacia tu familia. Este tipo de edifica-ciones, constantemente se ven abandonadas u ocupadas por muy poco tiempo.

Otra de las "flechas venenosas" más comu-nes, es cuando encontramos una casa al final de una calle cerrada. El Feng Shui dice que, la primera casa tendrá un Ch'i mucho mayor que la segunda, y ésta que la tercera, y así sucesivamente, dejando a la última casa con muy poca energía.

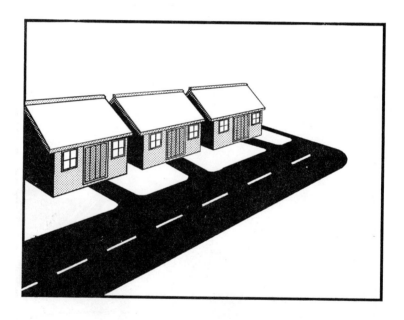

Otra cosa que puede estar afectando enormemente a tu casa u oficina, puede ser el hecho de que exactamente frente a ella haya árboles de grandes dimensiones. Por lo general, dentro de la cultura oriental, las grandes figuras rectas alíneadas (árboles en este caso), simbolizan un altar; por ello, esto

hará que tú, y todos los que habitan o trabajan en ese lugar, se conviertan en sujetos
listos para el "sacrificio". De la misma
manera que los árboles pueden simbolizar
estructuras de altares, las fábricas con altas
chimeneas que estén frente a tu hogar
pueden cumplir el mismo objetivo.

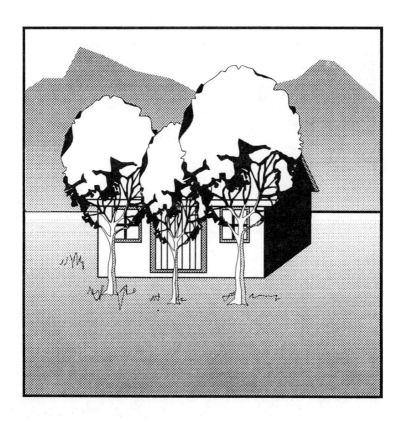

Ahora bien, si tu casa u oficina tiene frente a ella una gran montaña o colina, no afectará mucho tu salud u otros aspectos, pero sí logrará mantenerte atado en cuanto a lo económico. Si falta dinero en tu hogar o negocio, ve al frente de tu propiedad, seguramente frente a ti se levantará inmensa una montaña que, además de obstaculizar tu visión, **está obstaculizando tu progreso económico.**

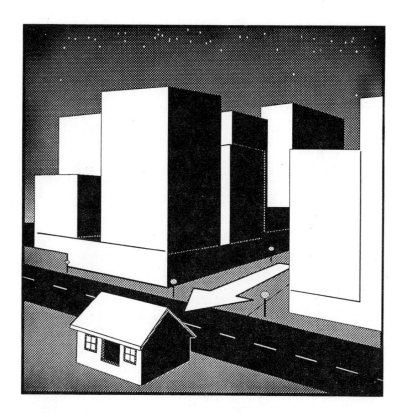

Cuando tu casa está ubicada exactamente frente a dos edificios grandes, tu mala suerte aumentará considerablemente. Trata de que en la acera de enfrente no haya este tipo de construcciones.

Otras posibles "flechas venenosas" que te puedes encontrar son las propiedades que se encuentran ubicadas frente a cementerios, prisiones, hospitales, lugares donde se juega, estaciones de policía, antros de mala muerte, etc. Piensa que en todos estos lugares siempre hay energías negativas, y que ellas pueden llegar fácilmente a tu propiedad.

Estas son las más comunes "flechas venenosas" que te puedes encontrar. No obstante, si fuera de tu hogar hay alguna construcción u objeto que te de miedo o que aparente ser algo fiero (árbol, casa, llano, etc.), debes tener cuidado, pues la energía negativa de cualquiera de estas manifestaciones puede afectarte directamente.

Si tú estás frente a una situación como las mencionadas antes, es muy sencillo "curar" o "energetizar" tu propiedad. La manera más fácil y económica de hacerlo es plantando arbustos pequeños; colocando césped perfectamente podado; plantando flores que den color y vida a tu hogar. Recuerda que los árboles no son indicados para colocarlos al frente de tu propiedad.

Asimismo, es muy importante que el frente de tu casa, al igual que el resto de ella, esté siempre limpio, ordenado y sin nada que estorbe la visión. Si estacionas tu auto justo frente a tu hogar y no lo pones en la cochera, estarás restando energía a tu hogar; si mantienes los botes de basura al frente, sin taparlos y con basura por todo el rededor, también estarás quitando energía a tu hogar. Si el pasto o los arbustos están secos, descuidados o con hojas por todos lados, estarás quitándole energía a tu propiedad.

Imagina siempre que tu hogar es tu palacio, como bien lo menciona ese británico dicho. Si así lo haces, tratarás siempre de que te sea agradable a la vista y que te guste llegar a él. Si mantienes todo en desorden y sucio, y además le agregas algunas de las "flechas venenosas", seguramente estar en tu hogar será un verdadero infierno.

EL ENTORNO

Por lo que se refiere al entorno del terreno o de la propiedad que piensas habitar, o que ya habitas, éste debe ser también saludable para que las cosas te salgan de la mejor manera posible.

Por ejemplo, siempre que alguien va a comprar un terreno, debe observar la vegetación que hay alrededor. Si hay pasto verde, flores y la naturaleza en general se ve viva y fresca, esto indica que el lugar tiene buena energía, y sobre todo, que cuenta con agua suficiente para mantener vivos los jardines. Es de sentido común el pretender que el lugar donde vamos a edificar nuestra casa o negocio cuente con todos los servicios necesarios. Además de esto, debemos buscar que ninguna de las "flechas venenosas" que mencioné antes, aparezcan en nuestro terreno.

En la actualidad, es muy difícil que la gente viva en el campo, en contacto directo con la naturaleza. Las grandes ciudades se han ido comiendo el campo. No obstante, es bueno que busques que en el lugar que has elegido no haya cables de luz o teléfono desordenados en postes que se encuentren en malas condiciones, que la calle esté bloqueada por autos estacionados sin orden alguno, etc.

Trata de que tu propiedad siempre tenga la suficiente luz natural durante el día, y que por las noches, haya bastante luz artificial en las calles. Observa detenidamente las calles de alrededor y trata de que ninguna esté en línea recta hacia tu hogar.

Otro punto importante es tratar de que la propiedad, si ya está construida, sea proporcional en todos sus aspectos. De poco te servirá tener una gran fachada si, en verdad, el resto de la casa es muy pequeña o viceversa.

Como podrás ver, el Feng Shui es algo así como tener buen gusto y observar cada detalle, hasta el más mínimo, dentro de una propiedad.

EL INTERIOR

Una vez que hayas elegido una propiedad para habitar o trabajar, debes ver también cuidadosamente el interior de la misma para que todo sea correcto.

Por lo general, todo en el interior de la propiedad debe ser proporcional para que tenga buena energía. Si la estancia de la propiedad es grande, así también deben ser el comedor, las recámaras, los baños, la cocina y las habitaciones. Si no hay proporción, la propiedad perderá Ch'i.

Otro dato sumamente importante, y que no siempre se toma en cuenta, es el estado de todo lo que hay dentro de la propiedad. Por ejemplo, debemos observar que cada picaporte de cada puerta funcione correctamente; debemos ver que cada puerta que se encuentre en la propiedad abra y no rechine o esté vencida. También debemos verificar que cada interruptor de luz, así como ventanas y llaves de agua del baño y la cocina estén en perfectas condiciones.

Una vez que nos encontremos dentro de esta propiedad, caminemos por cada cuarto, pasillo y jardín tratando de percibir la energía de la misma. Tratemos de que las escaleras, además de ser proporcionales, sean funcionales y que no estén al centro de la casa. Éstas deben estar "recargadas" en una gran pared y deben armonizar con el resto de la casa.

La puerta principal, la más importante de la propiedad, debe ser grande, iluminada y nada debe interrumpir su abrir y cerrar.

Las demás puertas, además de tener las características mencionadas anteriormente, deben ser proporcionales a la habitación a la que pertenecen. Además, es sumamente importante que la propiedad cuente con una puerta trasera, pues de lo contrario, estaremos ahorcando el Ch'i del lugar.

Estos consejos te serán de mucha utilidad si vas a comprar o a rentar una propiedad, ya sea para trabajar en ella o para vivir. Ten siempre presente lo anterior antes de empezar a habitar ese nuevo lugar.

Capítulo 7

ACTIVA LAS ÁREAS QUE TE ESTÉN FALLANDO

===============

Lo primero que debes hacer para ubicar las diferentes zonas que hay en tu hogar, oficina o habitación, es tomar el Pa-Kua y situar cada uno de los ocho lados correctamente.

La siguiente ilustración te orientará para colocar adecuadamente el Pa-Kua con respecto a la habitación que desees activar.

Si tú te encuentras en cualquier habitación de tu casa u oficina, dentro de ella podrás localizar cada una de las ocho casas que se encuentran en el Pa-Kua. Por ejemplo, en tu cocina siempre habrá la casa o lugar que corresponde a la fama, al matrimonio, a los hijos y descendientes, a la profesión, etc.

Es muy sencillo ubicar cada casa dentro de cada habitación, simplemente párate en la entrada de ésta con el Pa-Kua entre tus manos y observa el lugar que corresponde a cada una.

Para poder activar estas casas, el Feng Shui te ofrece diversas herramientas. Algunas de ellas son fáciles de conseguir y muy económicas. Otras no tanto. Aquí, te mencionaré las más comunes y económicas, pues mi intención es que mejores tu vida y no gastes demasiado.

Recuerda que estos objetos, no son simples decoraciones para que tu casa u oficina se vean bonitas, estos objetos en verdad te ayudarán enormemente.

Espejos

Éstos siempre han sido un arma para luchar en contra de los demonios por parte de los orientales. En la actualidad, nuestra lucha es contra el demonio del hambre, de la ignorancia, del odio, de las enfermedades, etc.

Si vas a echar mano de los espejos, te recomiendo que los consigas, o los cortes, para que siempre tengan ocho lados (igual que el Pa-Kua). Una vez que hayas conseguido los suficientes, colócalos en las áreas que, según tú, necesiten más trabajo.

No te recomiendo llenar cada esquina de tu casa con espejos grandes o vistosos. Un espejo pequeño tendrá el mismo efecto si lo haces confiando en las energías que te rodean.

Relojes

Los relojes son parecidos a los espejos, pues además de darte la hora exacta, pueden activar las casas que requieras, siempre y cuando también sean octagonales.

Bolitas de Cristal

Las bolitas de cristal facetadas, las cuales podemos ver colgadas de los candiles, pueden activar de manera muy efectiva cualquiera de las casas que desees.

Para que tengan un mayor y más rápido efecto sobre la zona que deseas activar, te recomiendo que las cuelgues con un hilo delgado de color rojo.

Veletas

Estas estructuras parecidas a nuestros tradicionales rehiletes, giran caprichosamente al compás del viento que las acaricia. Colocarlas en la parte más alta de nuestra casa u oficina beneficiará a todas las casas en general.

Si tú habitas o trabajas en algún edificio en donde haya más personas en diferentes departamentos, sube a la azotea y coloca una veleta en lo más alto, y verás cómo no sólo tú te verás beneficiado por éstas, sino que cualquier persona que ahí trabaje o viva, también mejorará considerablemente.

Campanillas

Las campanillas son de excelente ayuda para cualquier hogar u oficina. Éstas se colocan en la entrada principal del lugar para que, al abrir la puerta, el viento las haga sonar, llenando de armonía y buenas vibraciones toda la atmósfera.

No es necesario gastar una fortuna de dinero en campanillas importadas de oriente, en cada ciudad hay diversos tipos que te pueden ayudar perfectamente.

Capítulo 8

CONSEJOS PRÁCTICOS PARA MEJORAR TU VIDA

Esta última parte del libro se centrará únicamente en darte remedios sencillos y económicos para mejorar la situación en tu trabajo y en tu hogar. Si deseas aprender más sobre esta maravillosa ciencia capaz de mejorar tu vida en cualquier aspecto, puedes encontrar varios libros que profundizan más en la historia del Feng Shui. Asimismo, en diversas partes del mundo, se empiezan a llevar a cabo conferencias y cursos para aprender y perfeccionar este arte. Mi intención es, simplemente, ayudarte de manera concreta y efectiva a que tu vida mejore. Es por ello que no traté de profundizar en varios aspectos.

Es importante no olvidar lo poco que te he mostrado del Feng Shui hasta el momento. Así pues, lo primero que debes hacer para que tu casa u oficina mantenga un buen Ch'i, es mantenerla perfectamente alumbrada. Recuerda que los focos de cada habitación o pasillo deben estar en perfectas condiciones y con la suficiente luz.

Otro aspecto importante es la limpieza y el orden. Mantener cada habitación y cada rincón de nuestra propiedad en orden y limpio, hará que la energía no escape. Hay que evitar a toda costa que los armarios o los rincones estén llenos de objetos inservibles o innecesarios. Ten en cuenta que, en muchas ocasiones, la habitación (sótano o pórtico) que tienes para guardar lo que "algún día necesitarás" puede estar robando energía en tu propiedad. Asimismo, evita mantener ventanas, espejos o vidrios rotos o chapas inservibles.

Cambiar de color la casa u oficina puede ser muy bueno para recuperar la energía perdida del lugar. Si vas a cambiar el color, trata de que el que vayas a emplear sea suave y que ayude con la iluminación interior de tu casa u oficina. Por ejemplo, las recámaras pueden ser de un color verde suave o amarillo tenue, con ello estarás dando un aspecto de tranquilidad y favorecerás a que los niños o jóvenes que ahí duerman, mejoren notablemente en sus estudios.

Ahora bien, dentro del Feng Shui hay ciertos objetos decorativos orientales que se asocian con ciertas características. Por ejemplo, dentro de los más importantes y comunes tenemos las monedas antiguas o la presencia de agua limpia y clara en movimiento (fuentes o peceras), las cuales ayudarán a que el dinero no falte.

Los elefantes de porcelana o de migajón, así como otros materiales, simbolizan la sabiduría. El bambú, el pino o sifones favorecen enormemente a la buena salud y a una larga vida. Asimismo, los peces auguran una buena salud, sobre todo si se colocan dentro de la casa de la fortuna y el dinero.

Para lograr el balance en tu vida, el Yin y el Yang también pueden ser una excelente solución, ya que puedes colocar velas en un recipiente con agua. Si colocas el Yin (agua) y el Yang (fuego) en la casa del trabajo, éste mejorará notablemente.

LA PUERTA PRINCIPAL

La mejor posición para colocar la puerta principal es del lado izquierdo. Quizá al centro también sea un buen lugar. No obstante, debemos tratar de evitar que se encuentre del lado derecho, pues ello nos traerá problemas entre las personas que habiten la vivienda.

La puerta debe ser proporcional al tamaño de la propiedad. Si la casa es grande, asimismo debe ser la puerta; pero si se trata de una propiedad pequeña, la puerta no debe ser grande. Esto, además de ser de buen gusto, hará que la energía del lugar no se disperse. Además, las puertas demasiado grandes o altas, pueden traer problemas financieros.

Asimismo, debes cuidarte mucho de las "flechas venenosas" que te mencionamos capítulos más atrás. De hecho, este es el factor más importante dentro del Feng Shui por lo que respecta a las puertas principales.

También es conveniente que nada falle con tu puerta principal. Si tú eres de esas personas que llega a su hogar u oficina y tarda más de diez minutos tratando de abrir con la llave que se atora constantemente, lo mejor que puedes hacer es cambiar la cerradura, pues ésta, al igual que los demás elementos de la puerta principal, deben funcionar perfectamente.

De igual manera, si la madera, el metal o cualquiera que sea el material de la puerta principal se ve desgastado o maltratado, debes mandar a arreglarla. Si necesita pintura, compra tu brocha y dale su "manita de gato". Manténla en buenas condiciones, pues esta es la mejor manera de dejar entrar las energías positivas a tu casa y dejar salir las malas.

Otro aspecto importante de una puerta principal es que, al abrirse, debe mostrar orgullosa el interior de la casa y no ocultarlo.

Debe manifestar a cualquier visitante un sentimiento de alegría y de bienvenida. Y si tu puerta es demasiado pequeña para tener estas características, recuerda que una buena lámpara y un espejo, te pueden ayudar a "hacerla" más grande y acogedora.

Es muy conveniente que tu puerta principal no dé a otra puerta principal directamente. Esto, por lo general lo podemos ver en departamentos que tienen largos pasillos. Esto se puede solucionar también mediante espejos y luces.

Ahora bien, la dirección a la que apunte la puerta principal hacia el interior de la casa, seguramente afectará a todos los que ahí habiten. Por ejemplo, si la puerta principal da directamente hacia la cocina, los que ahí vivan serán de muy buen comer. Si la puerta principal da directamente al comedor, la alegría y la convivencia estarán siempre presentes en ese hogar. Si la puerta principal da hacia la estancia, la familia gozará enormemente de los momentos en que se encuentren reunidos, y tratarán siempre de mantenerse juntos a la hora de comer o cenar.

Si la puerta principal da hacia alguna recámara, los integrantes de la familia siempre estarán cansados y faltos de energías. Si la puerta principal da hacia el estudio de la casa, los que ahí viven serán muy trabajadores y buenos alumnos en la escuela (si se trata de estudiantes). Y si la puerta principal da directamente hacia el cuarto de baño, la falta de dinero será constante dentro de esa familia.

LOS TECHOS

Dentro del Feng Shui los techos de las casas u oficinas son también muy importantes. Por ejemplo, los techos de dos aguas son muy benéficos para mantener la longevidad y para cualquier aspecto de la vida en general.

Los techos semicirculares son los idóneos para recuperar las energías perdidas durante el día. Quien viva bajo este tipo de techos jamás estará cansado para emprender nuevas empresas y aventuras.

Los techos cuadrados o los que tienen una forma de pirámide invertida, por muy modernos que pretendan ser, son muy malos para las personas que ahí habiten. Estos techos afectarán su sistema nervioso y los hará vivir bajo enorme presión.

A continuación te presentaremos varios techos favorables y varios desfavorables. Trata de localizar el tuyo y, si se encuentra dentro de los desfavorables, echa mano de las herramientas que te he enseñado para combatir sus malas energías.

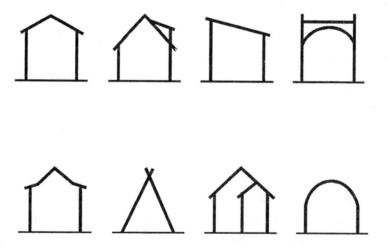

Techos favorables para la casa.

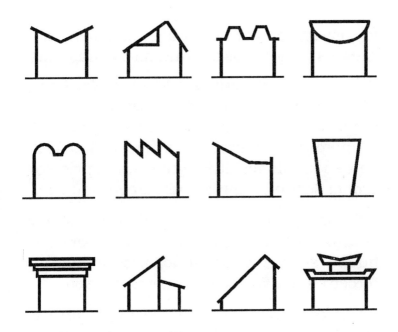

Techos desfavorables para la casa.

LAS ESCALERAS

Las escaleras son muy útiles para permitir que el Ch'i suba y baje a todas las habitaciones del inmueble. Las mejores escaleras son las que suben en curva no muy pronunciada. Las escaleras rectas o en forma de caracol no son buenas del todo. Asimismo, los pasamanos de las escaleras, deben estar exentos de adornos o esquinas puntiagudas.

Aunque te pudiera parecer raro, el número de escalones en las escaleras es sumamente importante. Hay dos modos o grupos de números de escalones. El primero es un ciclo de tres escalones que significan: el primero, oro, el segundo, plata, y el tercero muerte.

El segundo grupo está conformado por cuatro escalones que significan: el primero buena suerte, el segundo, prosperidad, el tercero mala suerte y el cuarto fracaso.

Obviamente, el escalón más importante es el que se encuentra al final de la escalera (arriba), pues éste es el que nos indicará cuál es el correspondiente. Para poder contarlos, ya sea de cualquiera de las dos formas, lo único que debes hacer es contar del 1 al 3 ó del 1 al 4, según hayas escogido, y darle su significado a cada escalón. El último escalón es el que te indicará a qué corresponde la escalera.

Lo mejor, siempre va a ser que se trate del escalón del oro, la plata, la buena suerte o la prosperidad. Si tenemos en cuenta esto, el número ideal de escalones para la escalera es uno, dos, cinco, diez, trece, catorce, diecisiete, veintidós, veinticinco, veintiséis y veintinueve.

Las escaleras no deben de dar directamente hacia la puerta principal, hacia la puerta del baño, hacia alguna recámara o estar colocadas exactamente al centro de la vivienda. El centro de toda vivienda es considerado como el lugar de la buena suerte, así que no debemos desperdiciarlo con las escaleras.

LA ESTANCIA

Siendo la estancia de un hogar u oficina el lugar a donde los visitantes llegan, se sientan y conviven la mayor parte del tiempo, ésta debe ser confortable, amplia y alegre.

Obviamente, debe ser proporcional al resto del lugar, debe estar iluminada por la luz solar que se cuela a través de las ventanas, las cuales, no deben estar viendo directamente hacia la entrada principal de esta habitación.

Es ideal que la estancia no se encuentre en un nivel inferior al resto de la casa. Las estancias cuadradas u ovaladas son las ideales dentro del Feng Shui. Para lograr que la habitación se vea más balanceada, podemos colocar unos espejos en la pared larga de la estancia.

La estancia no debe tener focos o luces expuestas (de hecho, dentro del Feng Shui, es muy malo tenerlas), lo ideal es tener lámparas que oculten los focos (como las esferas orientales de cartón).

Ahora bien, la estancia debe reflejar tu estilo, tu carisma, tu personalidad. Si llegas a casa de alguien sumamente alegre y te encuentras con una estancia sobria y opaca, no te sentirás cómodo al estar ahí. Trata de que la estancia manifieste tu forma de ser.

Puedes poner en ella todo lo que te agrada y todo lo que expresa tu forma de ser: libros, cuadros, diplomas, fotografías, premios, etc. Asimismo, los muebles que contenga tu estancia deben ir acorde a tu personalidad y, sobre todo, deben ser proporcionales al tamaño de la habitación. Trata siempre de eliminar las esquinas puntiagudas, no sólo en la estancia, sino en todos los muebles y accesorios dentro de tu hogar u oficina, pues además de ser sumamente peligroso para los niños pequeños, hacen que el Ch'i se pierda gradualmente. Puedes echar mano de pequeñas mesas de centro redondas, tapetes o alfombras ovaladas, lámparas redondas, etc.

LA RECÁMARA

Las personas que estamos familiarizadas con el Feng Shui, constantemente vemos nuestra recámara como el lugar donde descansamos y recuperamos las energías perdidas. Por ello, debemos esmerarnos por mantenerla en perfectas condiciones, impidiendo que el Ch'i se escape y perturbe nuestro descanso.

Las recámaras sólo tienen dos objetivos principales: dormir y hacer el amor. Así pues, evitemos llevar a cabo otras actividades no propias de esa habitación, como pueden ser: comer, ver televisión, leer, hacer tarea, etc.

Una vez que llega la noche y nos acosta-
mos a dormir, nuestro cuerpo se cura a sí
mismo. No obstante, a la hora de quedar
dormidos no nos desconectamos por completo del mundo exterior. En ese momento,
somos los seres más vulnerables que pue-
dan haber. Por ello, tratemos de que nuestra
habitación se convierta en ese lugar sa-
grado donde nada ni nadie nos interrumpa
el descanso.

Como cualquier otra parte de nuestra casa
u oficina, el orden y la limpieza deben im-
perar dentro de nuestra recámara para que
la energía no se pierda.

Los muebles que hay en nuestra habitación son sumamente importantes, sobre
todo la cama. La cama debe tener una clara
y perfecta vista hacia la puerta de entrada.
Nada debe impedirnos observar con claridad
a quien entra a nuestra recámara. Enten-
damos que por ahí es por donde entra la
energía a nuestra habitación, así que debemos mantenerla sin estorbos y clara.

La cabecera de nuestra cama debe colocarse en una pared que no tenga ventana,
pues esto nos ayudará a que nuestras ideas

no se escapen, así como la energía que nos llena cada vez que dormimos. Si te es imposible mover la cama, usa espejos para tener una clara visión de la entrada principal.

Ahora bien, para poder descansar y hacer el amor dentro de nuestra recámara, debemos sacar cualquier objeto que nos pudiera llegar a distraer. No dejes tu portafolios o tu mochila escolar en tu habitación, el hecho de ver eso te traerá a la mente los problemas con los que estuviste lidiando toda la mañana. El trabajo y la escuela deben separarse completamente del sueño y del amor. Si trabajas o haces tu tarea en tu recámara, estarás perdiendo energía necesaria para poder dormir y para hacer el amor con tu pareja.

Por lo que se refiere a aparatos eléctricos, es mejor que nada esté dentro de tu recámara. Al igual que las cosas del trabajo y la escuela, el tener aparatos que distraigan o te quiten energías es muy perjudicial. Además, los televisores, los relojes despertadores eléctricos, los teléfonos, computadoras, etc., emiten energías electromagnéticas que afectan el descanso.

Muchas veces, al ver el televisor en la noche, vemos noticias o programas llenos de violencia que, cuando quedamos dormidos, vienen a nuestra mente, causándonos las terribles pesadillas que no nos dejan descansar.

Lo recomendable dentro del Feng Shui, es poner en lugar de estos aparatos electrónicos, plantas o floreros. Esto, además de darnos una sensación de paz y tranquilidad, ayudará a limpiar el ambiente. Las plantas pueden colocarse en las esquinas (correspondientes a cada casa dentro del Pa-kua) de nuestra recámara.

Por ejemplo, cuando deseas tener una relación apasionada y llena de amor con alguien, cuando llegue esta persona a tu recámara y vea todo el desorden, la falta de limpieza, los aparatos encendidos al mismo tiempo, etc., pensará en todo, menos en hacer el amor contigo. Si en verdad quieres tener una relación de cuento de hadas, limpia tu recámara, elimina las cosas que no necesites y activa la casa correspondiente al amor en tu habitación. Verás que con esto, jamás te faltará el amor. Asimismo, puedes hacerlo con las demás casas que sientas que te están fallando.

Un detalle de suma importancia es el no tener camas de metal, pues estas pueden funcionar como antenas y atraer malas vibraciones de la calle. Las bases ideales para las camas son las de madera. Por consiguiente, trata de que tu colchón no tenga resortes metálicos.

De igual manera, trata de sacar todo lo que está debajo de tu cama, pues por muy bien acomodado que se encuentre, te está robando energía.

Finalmente, debemos evitar que los pies de nuestra recámara apunten directamente hacia la puerta de entrada, pues ello nos mantendrá nerviosos, truncará nuestros proyectos, afectará nuestra vida sentimental; y para las mujeres que esperan bebé, este tipo de orientación puede hacerles perder el producto.

LA COCINA

Muchas de las personas que están dentro del Feng Shui consideran a la cocina como la habitación más importante dentro de la casa, ya que simboliza la salud de la familia que ahí habita.

Al igual que las demás habitaciones (y toda la casa en general), Ésta debe estar perfectamente limpia; debe ser espaciosa, aunque se trate de una cocina pequeña. Para que el Ch'i contenido en la misma sea benéfico, debemos tener una cocina muy bien alumbrada y bien ventilada.

La comida que se prepara en la cocina de la casa, por lo general manifiesta la prosperidad de la familia. Por ello, es cuestión de orgullo el servir siempre la comida lo mejor posible, con los mejores ingredientes y la mejor vajilla.

Los elementos más importantes dentro de cualquier cocina (y esto lo sabe toda mujer o ama de casa) son la estufa y el horno normal o de microondas. La colocación ideal de estas herramientas debe ser de tal manera que, la persona que los utilice al cocinar cualquier platillo, jamás dé la espalda hacia la puerta que lleva a la cocina. Según la cultura oriental, si una persona entra y sorprende a la cocinera, ésta transmitirá esas vibraciones a los platillos, generando nerviosismo en los que coman.

Si la cocina con la que cuentas es integral y te impide hacer los cambios que te mencioné en el párrafo anterior, puedes "curarla" colocando un espejo octagonal detrás de la estufa o colgando una esfera de cristal encima de ella.

Además, es sumamente importante que arregles de inmediato cualquier fuga de agua, pues dentro del Feng Shui es muy perjudicial el ver que el agua se desperdicie. Y, finalmente, trata de que el baño del piso superior (si cuentas con dos plantas) jamás esté encima de la cocina. También, procura que el piso de la cocina, esté al mismo nivel del que se encuentra en el comedor.

EL COMEDOR

En el comedor de cualquier casa debe haber el suficiente espacio para que la mesa que ahí pongas no quede apretada, y dé comodidad a los que ahí se reúnen a compartir el pan y la sal. Por lo general, cuando un comedor queda demasiado justo, los comensales no disfrutan de los alimentos y tratan de salir de ahí lo más rápido posible. El lugar ideal para un comedor es alguna esquina de la casa que, de ser posible, tenga un par de ventanas que aumenten su Ch'i.

Trata de que la mesa de tu comedor no apunte directamente hacia la puerta del mismo, pues perderá energía lentamente. Las mesas que te recomiendo para tu comedor son las ovales, las redondas o, si tienes la posibilidad de conseguir alguna, de ocho lados (igual que el Pa-Kua). Lo ideal de este tipo de mesas, es que permiten que los comensales platiquen cómodamente sin voltear demasiado sus cabezas o adoptando posiciones incómodas. Esto, hará que el Ch'i de tu comedor aumente.

Asimismo, el material de estas mesas debe ser de madera o de metal con madera. Trata de evitar las mesas de cristal. También es importante no colocar las mesas del comedor debajo de una luz que no esté protegida (como lo mencioné anteriormente), además de no estar dirigida hacia las escaleras o hacia el baño.

Cualquier otro mueble que tengas en tu comedor puede ser benéfico, siempre y cuando no haga verse apretado o muy justo el comedor. Los espejos pueden aparentar el doble de la comida que estás sirviendo, haciendo, además, más placentero el lugar.

CUARTO DE ESTUDIO

Pocas son las personas que, en la actualidad, tienen la fortuna de dedicar una habitación de su hogar para el estudio. Si tú eres una de ellas, felicidades. No obstante, hay que tener también ciertos cuidados para que no falle la energía en ese espacio.

Recuerda que esa habitación está enfocada al estudio, a la tranquilidad, al pensamiento y a la meditación. Por consiguiente, trata de que todo lo que esté dentro (muebles, cuadros, luces, etc.), vayan de acuerdo a la habitación. Trata de que sea cómoda, callada y muy placentera.

Cuadros en las paredes, sobre todo los que tengan paisajes de montañas, lagos y ríos, aumentarán enormemente la creatividad y la inspiración que buscas en esa habitación.

BAÑOS

Estas habitaciones deben estar tan o más limpias que las demás. Trata de que no se encuentren en áreas muy importantes (según el Pa-Kua) de tu hogar. Por ejemplo, no es conveniente que se encuentren en las casas de la salud, la fama o el trabajo. Si así sucediera, el baño podría "eliminar" cualquier energía positiva que ahí pudiera existir.

El baño ideal dentro del Feng Shui, es aquel en el que, al abrir la puerta, no se ve directamente el inodoro, y que su puerta no abre hacia fuera. También es importante que a la hora de abrir la puerta, ésta no dé exactamente al inodoro.

Si tenemos en cuenta que el baño indica nuestras finanzas, ya sea negocio o casa, este tipo de baño hará que el dinero que llega a nosotros, se vaya literalmente por el drenaje. Y como en la actualidad es prácticamente imposible que los arquitectos no ahorren espacio y hagan los baños donde mejor les convenga, y sin tener en cuenta el Feng Shui, es deber de nosotros el "curar" estos espacios para evitar que el dinero se nos escape.

Lo primero que debes hacer es colocar un espejo octagonal en la puerta del baño, exactamente a la altura de la cara de la persona más alta que habite ese hogar u oficina. Asimismo, es conveniente colgar otro espejo en la pared que primero se ve al abrir la puerta del baño. Con estos sencillos pasos, tu baño quedará "curado".

Capítulo 9

PALABRAS
COMPLEMENTARIAS

Pues bien queridos amigos, en sus manos se encuentra un pequeño, pero sumamente completo y sencillo manual para hacer sus vidas mejores, más placenteras, más sanas, más tranquilas y, sobre todo, con mejor suerte.

El Feng Shui, milenario arte de equilibrar las energías que hay a nuestro alrededor y ponerlas a trabajar en nuestro beneficio, es lo mismo que cualquier trabajo. Todos los días tenemos que poner de nuestra parte para que nos funcione. Recuerda que si hoy empiezas en este maravilloso arte, y con el paso del tiempo lo abandonas, seguramente de nada habrá servido lo que hayas hecho. Esto hay que hacerlo todos los días, cada mañana, para que en verdad funcione.

He tratado de ser muy simple, muy coloquial y muy económico, pues sé perfectamente que, actualmente, en todo el mundo vivimos una crisis económica y de valores muy severa. Practica el Feng Shui y verás que estas crisis poco a poco irán desapareciendo de tu vida.

La cultura oriental lleva miles de años predicando con el ejemplo, así que nosotros, a punto de entrar a un nuevo milenio, debemos voltear nuestra mirada hacia donde el progreso y la armonía siempre se han manifestado.

Abre tus ojos, tu espíritu, tu alma y todo tu ser hacia lo bueno que siempre te está rodeando. La suerte la encuentran sólo aquellos que siempre la buscan. Los que esperan que todo les sea dado, por lo general, desperdician su vida y no hacen nada que los eleve como personas. Tú tienes las herramientas necesarias para obtener todo lo que sueñas, para estar saludable y, sobre todo, para ser feliz.

Gary T. Bay

ÍNDICE

TÍTULOS DE
ESTA COLECCIÓN

Impreso en Offset Libra

Francisco I. Madero 31

San Miguel Iztacalco,

México, D.F.